3 ex.^d pour la
Bibliothèque nationale, &
pour le Bibliothécaire voudra
bien envoyer son reçu au
c.^en J. Gaude à Nismes

Déclaration

2085

DÉCLARATION

DES DROITS ET DES DEVOIRS

DE

L'HOMME ET DU CITOYEN,

En Prose et en Vers.

(Par le C. Darnal)

A NISMES,

Chez J. GAUDE, Libraire.

An VII.

L'Auteur des Vers s'est conformé à la Loi du 19 Juillet 1793, et a fait déposer deux exemplaires à la Bibliothèque Nationale, pour constater son droit de propriété.

Répondu le 25 du même Nismes le 15 Ventose an 7.
mois, en envoyant le
certificat de dépôt

Citoyen

J'ai l'honneur de vous adresser
franc de port trois ex.⁽ᵈ⁾ de la Déclaration
des Droits de l'homme, mis en vers par le
c.ⁿ Darnal, qui m'a cédé son Droit de
propriété.

Je vous prie d'en déposer 2 ex.⁽ᵈ⁾
à la Bibliothèque nationale & de m'en
envoyer votre reçu.

Je vous salue bien sincèrement

J. Gaude libraire

AVIS DE L'AUTEUR.

L'Expérience a déjà prouvé que la mémoire des Enfans ne surmonte qu'avec peine la difficulté de retenir les Droits et les Devoirs de l'Homme et du Citoyen, tels qu'ils sont à la tête de notre Constitution. La grande diversité des Articles qui sont, presque tous, sans aucune liaison marquée, et qui ont chacun un objet différent, ne permet guère d'en retenir l'ordre et la suite.

Un Citoyen ami des Enfans, jaloux de leur épargner du temps et des efforts, a cru venir à leur secours, en rédigeant en vers cette Déclaration des Droits et des Devoirs. On ne peut disconvenir que la rime et la mesure n'aident beaucoup la mémoire. Peut-être ce travail n'a pas d'autre mérite ; mais c'est le seul but que s'est proposé l'Auteur. Il espère qu'on lui tiendra compte d'avoir entrepris, dans l'unique vue de se rendre utile, une composition technique qui n'était point susceptible des agrémens de la Poësie, et de s'être asservi aux termes et à la précision de chaque Article.

DÉCLARATION
DES DROITS ET DES DEVOIRS
DE L'HOMME ET DU CITOYEN.

Le Peuple Français proclame, en présence de l'Etre Suprême, la Déclaration suivante des Droits et des Devoirs de l'Homme et du Citoyen.

DROITS.

ARTICLE PREMIER.

Les droits de l'Homme en société sont : la Liberté, l'Egalité, la Sureté, la Propriété.

DÉCLARATION
DES DROITS ET DES DEVOIRS
DE L'HOMME ET DU CITOYEN.

Être Suprême et Bon ! C'est avec confiance,
Que le Peuple Français proclame en ta présence,
Les Droits et les Devoirs d'Homme et de Citoyen ;
Tu seras son témoin, son juge et son soutien.

DROITS.

ARTICLE PREMIER.

L'homme en société, l'homme avec ses semblables,
Possède quatre Droits qui sont incontestables :
Liberté précieuse, et juste Égalité,
Sureté personnelle ; enfin Propriété.

II.

La Liberté consiste à pouvoir faire ce qui ne nuit pas aux droits d'autrui.

III.

L'Egalité consiste en ce que la Loi est la même pour tous, soit qu'elle protège, soit qu'elle punisse.

L'Egalité n'admet aucune distinction de naissance, aucune hérédité de pouvoirs.

IV.

La Sureté résulte du concours de tous, pour assurer les droits d'un chacun.

V.

La Propriété est le droit de jouir et de disposer de ses biens, de ses revenus, du fruit de son travail, et de son industrie.

VI.

La Loi est la volonté générale, exprimée par

I I.

La Liberté consiste à pouvoir dire et faire,
Ce qui, dans aucun cas, ne peut nuire à son frère.

I I I.

Tous, par l'Egalité, soumis aux mêmes lois,
Protégés ou punis, restent égaux en droits.
L'Egalité proscrit les titres de naissance,
Et toute hérédité de crédit ou puissance.

I V.

Le droit de Sureté, dans chaque individu,
Par le concours de tous, se trouve défendu.

V.

De la Propriété naît une garantie
De nos possessions, et de notre industrie.

V I.

La Loi, des Citoyens, contient la volonté.

la majorité, ou des Citoyens, ou de leurs Représentans.

VII.

Ce qui n'est pas défendu par la Loi, ne peut être empêché. Nul ne peut être contraint de faire ce qu'elle n'ordonne pas.

VIII.

Nul ne peut être appelé en justice, accusé, arrêté ni détenu, que dans les cas déterminés par la Loi.

IX.

Ceux qui sollicitent, expédient, signent, exécutent, ou font exécuter des actes arbitraires, sont coupables, et doivent être punis.

Elle est le résultat de la majorité,
Ou des Représentans ou des Citoyens même,
Lorsqu'ils concourent tous à cet acte suprême.

VII.

On ne peut commander que ce que la Loi dit ;
On ne peut empêcher que ce qu'elle interdit.

VIII.

N'appréhendons jamais les effets du caprice :
La Loi seule a le droit d'appeler en justice,
En désignant les cas de l'accusation,
De la prise de corps, de la détention.

IX.

Les Auteurs et Fauteurs des actes arbitraires,
Doivent être punis de peines exemplaires.

X.

Toute rigueur qui ne serait pas nécessaire pour s'assurer de la personne d'un prévenu, doit être sévèrement réprimée par la Loi.

X I.

Nul ne peut être jugé, qu'après avoir été entendu, ou légalement appelé.

X I I.

La Loi ne doit décerner que des peines strictement nécessaires, et proportionnées au délit.

X I I I.

Tout traitement qui aggrave la peine déterminée par la Loi, est un crime.

X.

Envers un prévenu qu'il s'agit d'arrêter,
Qui ne résiste point, ou ne peut résister,
Toute vaine rigueur qui serait exercée,
Par la Loi, vivement, doit être repoussée.

XI.

Nul ne peut essuyer l'effet d'un Jugement,
Sans être ouï, du moins sommé légalement.

XII.

Que la peine au délit soit proportionnée,
Et par nécessité seulement décernée.

XIII.

Ajouter à la peine un mauvais traitement,
C'est transformer en crime un juste Jugement.

XIV.

Aucune Loi, ni criminelle ni civile, ne peut avoir d'effet rétroactif.

XV.

Tout homme peut engager son temps et ses services ; mais il ne peut se vendre ni être vendu : sa personne n'est pas une propriété aliénable.

XVI.

Toute Contribution est établie pour l'utilité générale. Elle doit être répartie entre les Contribuables, en raison de leurs facultés.

XVII.

Nul individu, nulle réunion partielle de Citoyens, ne peut s'attribuer la souveraineté.

XIV.

Il faut que toute Loi pour l'avenir s'annonce;
Mais, pour les temps passés, qu'aucune ne prononce!

XV.

D'engager son service il n'est pas défendu :
Mais se vendre soi-même, ou bien être vendu,
Dans l'ordre naturel, rien n'est plus condamnable :
La personne n'est point un bien aliénable.

XVI.

La Contribution, dont le but principal
Ne doit envisager que le bien général,
Par tous les Citoyens sera mieux consentie,
Si sur les facultés elle est bien répartie.

XVII.

Nul homme, nul fragment de la société,
Ne peut s'attribuer la souveraineté.

XVIII.

La souveraineté réside essentiellement dans l'universalité des Citoyens.

XIX.

Nul ne peut, sans une délégation légale, exercer aucune autorité, ni remplir aucune fonction publique.

XX.

Chaque Citoyen a un droit égal de concourir immédiatement ou médiatement à la formation de la Loi, à la nomination des Représentans du Peuple, et des Fonctionnaires publics.

XXI.

Les fonctions publiques ne peuvent devenir la propriété de ceux qui les exercent.

XVIII.

Dans l'ensemble de tous réside par essence,
Le droit de posséder la suprême puissance.

XIX.

Nul Citoyen ne peut, sans délégation,
Remplir, pour le public, la moindre fonction.

XX.

Tous ayant intérêt à la Législature,
Ainsi qu'aux fonctions de diverse nature;
Tous ont droit d'y nommer, soit *médiatement*,
Soit en donnant leur voix *immédiatement*.

XXI.

Loin de nous pour toujours, loin de la République,
Le pouvoir d'acheter quelque charge publique.
Il n'est aucune place, aucune dignité,
Qui puisse devenir une propriété.

XXII.

La garantie sociale ne peut exister si la division des Pouvoirs n'est pas établie, si leurs limites ne sont pas fixées, et si la Responsabilité des Fonctionnaires publics n'est pas assurée.

DEVOIRS.

ARTICLE PREMIER.

La déclaration des droits contient les obligations des Législateurs : le maintien de la société demande que ceux qui la composent connaissent et remplissent également leurs devoirs.

II.

Tous les devoirs de l'Homme et du Citoyen dérivent de ces deux principes, gravés par la Nature dans tous les cœurs :

XXII.

L'on ne saurait avoir aucune garantie,
Si chacun des Pouvoirs n'était pas limité,
Si leur division n'était pas établie,
Et si l'on n'exigeait Responsabilité.

DEVOIRS.

ARTICLE PREMIER.

Nos droits font les devoirs de nos Législateurs :
Les simples Citoyens trouvent ici les leurs.
C'est de l'ordre public que chacun les connaisse,
Pour qu'à les bien remplir avec zèle il s'empresse,
Et que son bon exemple ait des imitateurs.

II.

La Nature en nos cœurs, par deux lois immuables,
A gravé nos devoirs envers tous nos semblables :
Faites-leur tout le bien que vous en souhaitez,

Ne faites point à autrui, ce que vous ne voudriez pas qu'on vous fît.

Faites constamment aux autres, le bien que vous voudriez en recevoir.

III.

Les obligations de chacun envers la société, consistent à la défendre, à la servir, à vivre soumis aux Lois, et à respecter ceux qui en sont les organes.

IV.

Nul n'est bon Citoyen, s'il n'est bon Fils, bon Père, bon Frère, bon Ami, bon Epoux.

V.

Nul n'est homme de bien, s'il n'est franchement et religieusement observateur des Lois.

VI.

Celui qui viole ouvertement les Lois, se déclare en état de guerre avec la société.

Et ne leur faites point ce que vous redoutez.

III.

A la Société prêtons notre assistance :
Ce devoir est pour tous d'une égale importance.
Chacun du Corps entier doit défendre les Droits,
En respecter les Chefs, et se soumettre aux Lois.

IV.

Nul n'est bon Citoyen, s'il n'est aussi bon Père,
Bon Fils et bon Ami, bon Epoux et bon Frère.

V.

Nul n'est homme de bien, nul n'est homme d'honneur,
Qu'autant qu'il est des Lois fidelle Observateur.

VI.

Qui brave ouvertement la Loi la moins sévère,
Avec les Citoyens est en état de guerre.

VII.

Celui qui, sans enfreindre ouvertement les Lois, les élude par ruse ou par adresse, blesse les intérêts de tous. Il se rend indigne de leur bienveillance et de leur estime.

VIII.

C'est sur le maintien des propriétés que reposent la culture des terres, toutes les productions, tout moyen de travail, et tout l'ordre social.

IX.

Tout Citoyen doit ses services à la Patrie, et au maintien de la Liberté, de l'Egalité et de la Propriété, toutes les fois que la Loi l'appelle à les défendre.

FIN.

VII.

Qui se dérobe aux Lois par des moyens secrets,
De tous les Citoyens blesse les intérêts.
Indigne d'inspirer la moindre confiance,
En perdant leur estime, il perd leur bienveillance.

VIII.

De nos propriétés le fidelle maintien,
Est un devoir sacré dicté par la nature.
Il est de nos travaux, des Arts, de la culture,
Et de l'ordre public le plus ferme soutien.

IX.

Tout zélé Citoyen doit servir sa Patrie;
Et, quand la Loi l'appelle, au péril de sa vie,
Défendre avec ardeur l'heureuse Liberté,
L'Egalité de tous, et la Propriété.

FIN.

28

www.ingramcontent.com/pod-product-compliance
Lightning Source LLC
Chambersburg PA
CBHW060929050426
42453CB00010B/1914